संसार तुम्हारी परछाईं

संसार तुम्हारी परछाईं

विपिन चौधरी

वाणी प्रकाशन

सजिल्द प्रथम संस्करण : 2023

वाणी प्रकाशन

4695, 21-ए, दरियागंज, नयी दिल्ली 110 002

फ़ोन : +91 11 23273167 फ़ैक्स : +91 11 23275710

शाखाएँ

अशोक राजपथ, पटना 800 004, बिहार

कॉफ़ी हाउस कैम्पस, महात्मा गांधी मार्ग, इलाहाबाद 211 001, उत्तर प्रदेश

महात्मा गांधी अन्तरराष्ट्रीय हिन्दी विश्वविद्यालय, वर्धा 442 001, महाराष्ट्र

36/ए, शेक्सपीयर सरणी, रानी बिरला गर्ल्स कॉलेज के पास, कोलकाता 700 017, प. बंगाल

www.vaniprakashan.com
marketing@vaniprakashan.in
sales@vaniprakashan.in

Sansaar Tumhari Parchhayin
by Vipin Choudhary

ISBN : 978-93-5775-004-2
Poetry Collection

मूल्य : ₹ 399

आर. टेक ऑफ़सेट प्रिंटर्स, दिल्ली-110 032 में मुद्रित

वाणी प्रकाशन का लोगो मक़बूल फ़िदा हुसेन की कूची से

अनुक्रम

प्रतिच्छाया

प्रविष्टि

संसार तुम्हारी परछाईं

सवाल मेरी उदासी का

मौनावलम्बी

प्रतिच्छाया

I have scarcely touched the sky and I am made of it.

Antonio Porchia

नदारद पानी

रेतीले टिब्बों में बसर करने वाली मैं,
पानी के विस्तार से घबरा जाती हूँ

पानी से अठखेलियाँ करती तस्वीरें
मेरी पेशानी पर लहरें बना देती हैं

अँधेरे ने नहीं
ढेर सारे पानी ने मुझे डराया है

मेरी नींद
जल को खो देने के
अटपटे सपनों से भरी हुई है

किसी सपने में नन्ही बूँदे
धरती की तरफ़ आती हुई दिखती हैं
मगर
ज़मीन को छूने से पहले ही
कहीं गायब हो जाती हैं

कभी सपने भालू जैसा कोई मोटा-सा जानवर
अपने बड़े से पेट में
गाँव के जोहड़ में बचा हुआ पानी
सुड़ककर लोप हो जाता है

मेरी नींद अक्सर
पानी की कमी के हाहाकार के शोर से
टूटती है

जागने पर दिखते हैं
पानी के लिए रँभाते
आँगन में खड़े
ढोर-डंगर

मेरे दिन गुज़र रहे हैं
चन्द बूँदों की चाह में
मेरे सभी दिवास्वप्नों में
रिमझिम के लिए पुकार है

बारिश

1. नयी धरती

इस नये अवतार में धरती का चेहरा जुदा है
जिसके हर स्पन्दन पर देह
नृत्य करती है

इस नयी धरा के
कामगारों ने पसीने से भीगी
अपनी बनियानें उतार ली हैं

सारे वियोगी
चाय के प्यालों के साथ
बालकनियों में चुपचाप बैठे
दिख रहे हैं

नहर, पोखर, तालाब ऐसे खिल उठे हैं
जैसे कोई गुम ख़ज़ाना
वापिस पाकर हर्षित होता

चरवाहे
मवेशियों को लेकर
खुले मैदान में आ चुके हैं

किसान
खेतों का मुआयना करने चल दिये हैं

धोबी
घाट पर मैले गट्ठर लेकर बैठ गया है

बच्चे छज्जों से
पुराने टायर उतार
गलियों में धींगा मस्ती कर रहे हैं

गली के मोड़ पर
काग़ज़ की कई कश्तियाँ
इकट्ठी हो गयी हैं

बारिश में
पुरानी दुनिया
गलकर बह गयी है

यह नया संसार है
जिसे बारिश अपने ढब से बरत रही है

2. बारिश और हम

काले बादलों में जमी हुई काली
स्याही पृथ्वी पर फैलती जाती है

बारिश की इस काली स्याही से
बन गये हैं कितने ही
तलैया, पोखर
नदी, नाले, कुएँ

घर से दूर गये
हमने बारिश को अपने पाँवों में समेटते हुए
अपने घरों की राह पकड़ी

घर पहुँच
जूते उतारते हुए कुछ खुश्की से कहा,
"बारिश तो ठीक है, मगर ये कीचड़"

बारिश के ऐसे ही अपमान के बाद
देखे हमने सपने बारिश के
किया लम्बा इन्तज़ार
अगले बरस ऐसी ही मूसलाधार
बारिश का

3. बारिश के पाँव

क्या आपने
देखा है बारिश में
वस्तुओं के आकार का बदलना?

या बारिश के ख़ूब दूर तक तक जाते पाँव देखे हैं?

मैंने देखा है इस मौसम में
अपने मन के
क्षेत्रफल को दूर तक फैलते हुए

आत्मा की सतह पर
हरसम्भव फैलती
याद की एक नीली नस भी
इसी मौसम में उभरती देखी मैंने

बाज आयीं मैं
बारिश के इस
मौसमी फैलाव से

इस नीली नस की पीड़ा से

इसके लिए तो नहीं करती थी मैं
हर बार बारिश का इन्तज़ार

4. बारिश की दुनिया

हर बारिश में
पुराने को समेटता हुआ
कुछ नया घटता है

हवा में डोलती हरी पत्तियाँ
सतह पर ठहरे हुए पानी को छिटकाती
दिखती हैं हर बार

पतझड़ के इस दूसरे सप्ताह में
हवा,
पत्तों के बीच से निकलकर
अठखेलियाँ करती है हर दफ़ा

पीपल के पेड़ के नीचे
मूँज की चारपाई पर लेटी मैं
हवा का एक बड़ा हिस्सा
अपने भीतर समेट लेती हूँ

सोचते हुए,
प्रकृति के इस वैभव में लोटपोट होते हुए
मीठी झपकी लेना
जीवन की सबसे सुन्दर हक़ीक़त है

बारिश रुक जाने के बाद मैं भी
बूँदों में ठहर जाती हूँ

बहती है जब शीतल हवा
जब इन्द्रधनुष
निकलने की तैयारी में होता है

सोचती हूँ,
बारिश का यह संसार
मेरा स्थायी संसार
क्यों नहीं ?

यह मीठी झपकी
मेरी सारी नींदों में क्यों नहीं उतरती?

पृथ्वी के विश्वास में सेंध

पृथ्वी की काया
किस चिन्ता में
घुली जा रही है

शायद अब उसे
अपनी गाढ़ी रपटीली काई पर
थोड़ा भी विश्वास नहीं रहा

आस्था नहीं रही
सेमल के लाल फूलों पर

सुना है कि
तेंदू और कमल के पत्तों की शोख़ियों पर भी
उसका गुमान
फीका पड़ने लगा है

पृथ्वी को
कम-से-कम
अपने नमक पर तो भरोसा करना ही चाहिए

पछाड़ खाती हुई
समुद्री लहरों की
नज़रें बचा
तटों के किनारे-किनारे
बिछ गया है जो

पृथ्वी के
इसी आड़े वक़्त के लिए ही तो
ठहरा हुआ है नमक

जब पृथ्वी को किसी करवट
भरोसा नहीं बचा

किसी रोज़ नमक
पृथ्वी का विश्वास दुबारा
जीतने में सफल हो जाये
और मैं सुन सकूँ
पृथ्वी के मुख से
आस्था की अनगिनत कहानियाँ

जंगल और उसका जादू

दम साधे जंगल और उसके जादू के बींच स्थिर खड़ी रही मैं
हलचल थी तो बस
जंगल की उन प्रतिध्वनियों की
जो मेरी देह से टकराकर
ध्वनियाँ पैदा कर रही थीं

जंगल के ठीक बगल में
जंगल का जादू भी सटा हुआ होगा
ऐसा मेरा अनुमान नहीं था

अपनी समाधि में जैसे मैं लोप
चीड़, देवदार और सफ़ेदे के पेड़ों की फुसफुसाहट
से मेरी तंद्रा टूटी

जंगल की सुर्ख़ ख़ामोशी की शीतल तासीर ने
मेरी त्वचा पर अपनी परत चढ़ा दी थी

तीन तहों में जीने वाले जंगल का रहस्य अब खुल रहा था
ज़मीन से सटी छोटी झाड़ियाँ
फिर उसके ऊपर क़द निकालते मझोले पेड़
एक-दूसरे से टक्कर लेते लम्बोतरे विशाल दरख़्त
तीनों, एक-दूसरे के कन्धे पर सिर रखकर
बढ़ते हैं

हमेशा तरोताज़ा दिखने वाला जंगल
जहाँ मुझे अपनापन अपराध लग रहा था

तभी मांद से बाहर आकर
अपने नाख़ून तेज़ करता शेर दिखा
शायद आज उसे किसी मुलायम शिकार की उम्मीद है

जंगल में सूरज कुछ अलग ही अन्दाज़ में
उग रहा था

खरगोश, घोडे, शेर झुण्ड में चलते देखे
अकेले चलते देखे भालू और चीता

जंगल में आकर ही जाना
जंगल के केवल वही पक्षी बेवफ़ा हो सकते हैं
जिन्होंने अपनी भरपूर उड़ानों को स्थगित कर दिया है

अपने इंसानी रुआब में चूर हो
मैंने
एक शेर की तरह जंगल में प्रवेश किया था
मगर मेरी वापसी एक मेमने-सी थी

जंगल ने मुझे ख़ूब देकर अपने घर विदा किया था
मेरे पूर्वजों के कर्मों की सज़ा ही रही शायद

मुठ्ठी भर यादें
ही मैं समेट सकी

एक रोज़
वे यादें भी
एक रोज़ रेत की तरह मुट्ठी से फिसलकर
वापिस
जंगल में ही लौट गईं

तब मैंने स्मृतियों को सहेजने का
सलीक़ा भी तो नहीं सीखा था

प्रविष्टि

The only way to end grief was to go through it.

Holly Black

अन्यमनस्कता

शान्त जीवन में उतरना
उसे
भाता
है

उतरी वह बहुत हौले-से
और मेरे यहाँ ही
बनी रही

किसी यात्रा का सामान बाँधने की हड़बड़ी
उसमें नहीं दिखती

अब उससे बोलना-बतलाना
बहुत आसान लगने लगा है
हो सकता है,
कल को वह
मेरी सबसे अच्छी सखी बने

खुश हूँ,
पहले की तरह
स्वप्न में नहीं,
इस बार वह उतरी है
ठीक मेरे जीवन के मध्य

लाख चाहने पर भी
उसे लौट जाने को
नहीं कह सकती

'उदासी'
ने भी
कहाँ पूछा था?

उतरने से पहले
मेरे पार्श्व में

प्रविष्टि

पिछले जीवन की
किसी कामना का घड़ा भरने के लिए
इस जीवन में
दाख़िल हुई थी

कमाये दुःख के इतने क़िस्से
कि लगभग भूल ही गई,
कि किस कामना के पीछे
इस जन्म तक का सफ़र तय किया था मैंने

बगल में बैठे वर्तमान के
साथियों की मेहरबानियों को बिसराकर
पुरखों की याद में
लहालोट होती रही

फिर वह प्रेम भी तो घटा
किसी घटना की तरह ही
परोसने को अगले कई जन्मों का
दुःख

अब यह दु:ख ही बनेगा
अगले जन्म में
प्रवेश का
एकलौता
दरवाज़ा

विस्मय

सोचती थी मैं

मृत्यु के बाद भी
किसी असम्भे के लिए
थोड़ी सम्भावनाएँ तो बची रहती होंगी

किसी रोज़
प्रिय की दिवंगत आत्मा
दरवाज़े के पीछे छुपे
बच्चे की तरह
अचानक से सामने आकर
'धप्पा' कहकर
चौंका देगी

मृत्यु के दुःख को
भरपूर जज़्ब करने के कुछ समय बाद
कोई नेक रूह
मेरी हालत पर अफ़सोस करते हुए
दिवंगत से मेरी मुलाक़ात की तारीख़ तय करेगी

इसी इन्तज़ार में
दिन अपनी गोलाइयों में
गुम होते गये

डामर की सड़कों-सी सपाट रातें
और स्याह होती गयी

दिन,
अपने स्थायी स्वभाव से ही
उदास और बोझिल रहे

कोई अचम्बा नहीं घटा
हाँ,
खोई हुई खुशियाँ
बिना सूचना दिये,
एक दिन
लौट आयीं

फिर मैं भी
भूल गयी

प्रतीक्षा
थी
मुझे
कभी
किसी
अचम्भे
की

व्यथा

लो, अब फिर एक नये तरह का
दुःख
मेरे सामने है

सभी पुराने दुखों से कहीं
जुदा
एकदम नये नैन-नक्श,
नये तेवरों वाला दुःख

सीपी के भीतर बैठा हुआ
घोंघा,
बेचैन हो
जैसे सीप की दीवार से
अपनी देह को खींचता होगा

बस, कुछ वैसा खिंचाव भरा
अहसास दिया है
इस नये दुःख ने

चन्द दिनों के भीतर दी गयी इसकी
पीड़ा के
कितने महीन से महीन निशान
और
उजागर स्थूल संकेत
एक-एक कर मिटाने पड़े हैं

इस दु:ख की हर करवट
ने मुझे
शून्य बनाया है

कई प्रसंगों को मैंने यत्नपूर्वक
हवा कर दिया है,
सुखद स्मृतियों की लम्बी डोरियों को काटकर
उनकी उम्र काफ़ी कम कर दी है

पुराने दु:खों को
इस नये दु:ख से दूर ही रखती हूँ
कहीं वे न जुड़ जायें इस नये दु:ख से
बना लें फिर
अपना एक अलग और मज़बूत नगर

कई अनजाने ख़तरे लेकर आया है
यह नया दु:ख
सच ऐसा अमानवीय दु:ख
पहले कभी नहीं भोगा

2. अपने दुख, पराये दुःख

कुछ दुःख
इस नये घर ने नहीं कमाये थे

किराये के पुराने घर से
घरेलू सामानों के साथ
कन्धों पर ढोकर इन्हें
लायी थी मैं

नये किरायेदारों के बीच
अपने पुराने दुखों को लावारिस छोड़ देने का विचार
मेरे मन में नहीं उतरा

आज फुर्सत निकालकर
बारी-बारी से उलट-पुलट रही हूँ
अपने सभी
नये-पुराने दुख

कुछ दु:ख मुझे
घनी पीड़ा देकर
ख़ुद को ख़ाली कर चुके हैं

अब उन्हें घर से बुहार देने का
समय है

इस्तेमाल में आ चुके इन दुखों को
पायदान के उस पार
सरकाकर
दरवाज़े की कुंडी लगाते समय
एक ख़्याल आया,

"मुझसे पहले इस घर में
ग़ज़ाला नाम की जो लड़की रहती थी
क्या जाते समय वह
अपने सभी दुखों को साथ ले गयी थी?
या टूटे-फूटे कबाड़ की तरह
उन्हें इस घर के कोने में तो
नहीं छोड़ गयी थी वह?

कहीं मैं उसके
दुखों को तो दिन-रात नहीं ढोती रहती,
मानकर
उन्हें
अपना ही दु:ख?

मैं भी किराये का घर बदलते समय
अपने दु:ख साथ ले आती हूँ
उन्हें वहीं नहीं छोड़ आती

3. उसके दुःख

वह
मेरे क़रीब
अकेला
नहीं आया था

उसके साथ
उसके दुःख भी
चले आये थे

इस तरह उस पर
अपनत्व से लदे-से
कि उनसे परिचय करवाना
भी तब उसने ज़रूरी नहीं समझा था

शुरू में उन अजनबी दुखों से
निबाह थोड़ा मुश्किल लगा

अब नहीं

अब तो उसके सभी दुःख
मेरे साथ कुछ ऐसे घुल-मिल गये हैं
जैसे
अपनी आज तक की उम्र में
उसके दुःख ही
मेरी गाढ़ी कमाई
का हिस्सा हों

सच,
प्रेम कई नये अनुभवों से परिचय करवाता है और
नयी प्रजाति के दुखों से भी

4. दुख : कुछ बानगियाँ

1.
खुद हम
दुःख के लिए अपने बगल की कुर्सियाँ
ख़ाली कर देते हैं
फिर एक वक़्त के बाद
खुद ही झुंझलाकर सोचा करते हैं कि
यह दुःख हमारे इतने नज़दीक कैसे आया

2.
दुःख के अवतारी पुरुष को हम खुद गढ़ते हैं
रोज़ उसकी दीया-बाती करते हैं
अपनी दिनचर्या में शामिल कर उसे नज़दीकी बना लेते हैं
और एक दिन
खुद ही अपने दुःख को रावण घोषित कर देते हैं

3.
सुखों के बीच से गुज़रकर
प्यास मिली
अँधेरों से गुज़र कर आँसू हासिल हुए

उजालों ने राख़ दी
दुखों के बीच गुज़रकर
पारस होना चाहा था
मगर दुखों के बीच से गुज़रकर
दुख ही मिले

गोचर पीड़ा

हर वह चीज़ जो दिखाई दे रही है,
दुख है

जितने सच
उतने ही दुःख

गाँव से भागकर
मुम्बई की बदनाम बस्ती में पनाह लेने वाला
एक छोटा बच्चा बारिश में नंगे पाँव
चाय भरे गिलासों की ट्रे लिये जा रहा है

एकमात्र
यही बिम्ब ही
कई दुखों को एक साथ बाँध ले आया है

उस पर,
बदनाम बस्ती की चालों की झरोखेनुमा खिड़कियों से झाँकती
अर्धनग्न युवतियों के दुःख
बच्चे को रात के समय
आवारा यतीम लौंडों द्वारा सताने का दुःख

गिलास टूट जाने से पगार से पैसा काट लिए जाने का दु:ख
हर दु:ख बच्चे के चेहरे को और अधिक स्याह बना जाता है

चाय के गिलासों में गिर रही
गन्दली बारिश
दु:ख है

बच्चे के तलवे में कुछ चुभने की पीड़ा
बहती सड़क के कारण ट्रे नीचे रख,
उस चुभन की वजह को देख न पाने की सच्चाई का
दुख

पड़ोस की मंज़िल के सबसे ऊपरी माले से एक भड़वे द्वारा
बच्चे को भद्दी गाली देने और
नीचे खड़े दुकानदार ने उसे लड़खड़ाते देख
यह कह उसके सिर पर चपत लगाकर यह झिड़की देने,
"साले, चाय में बारिश का पानी डाल कर पिलायेगा?"
का दु:ख

हर दृश्य ही दु:ख है
और जब कई दु:ख
कविता का हिस्सा बन चुके हों
और शब्द बन गये हों आँसू
तो
कवि एक पल के लिए जीवन से दूर गया जान पड़ता है
और उसे वापिस लौटने में एक पहर का समय लगता है
यह भी पीड़ा है
सत्य की

प्रतिच्छाया

नींद की सफ़ेद चादर,
उस पर झरते
हरे पत्तों से
सपने

ये सपने
मेरे मन की आख़िरी तह तक
चहलक़दमी कर आये हैं

मेरी गुज़री उम्र के सभी
कच्चे-पक्के क़िस्से
सपनों की जानकारी में हैं

नींद अब भी देखती है
बचपन में
बेर के लदे घने पेड़ को झकझोरकर
आँचल में भर लेने के
सपने

मेरी तरुणाई की सीली आँखों
से कई बार सपनों का मन तक भी आर्द्रता
पहुँची है

प्रेम में रपटने का क़िस्सा
सपनों में इतनी बार आया है
कि अब वह
नींव का पत्थर बन चुका है

नींद ने
जीवन से कितने बिम्ब सींचकर
उन्हें सपनों में गूंथ लिया

एक उम्र गुज़ारकर
मैंने भी जैसे सीख लिया है,
नींद को
सफ़ेद चादर
और सपनों को
हरे पत्तों का
बिम्ब प्रदान करने का काव्यात्मक सलीक़ा

दुख की उत्पत्ति

आज जैसे वायु
हावी है
तब चारों ओर
जल का ही तेज़ था
न ईश्वर था
न ही उसकी ज़रूरत थी
न दानव की गर्जन थी
न कोयल की मधुर कूक
तब केवल जल ही जन-गण-मण हुआ करता था
उसके क़रीब ही बैठ गया था
इन्तज़ार

यह संसार के बनने का इन्तज़ार था
तो जीवन से भी कहीं पहले
जल था और
था इन्तज़ार

उसके बाद ही
ईश्वर के कहीं छुप बैठे होने के संकेत मिले

ईश्वर अकेला था और उदास भी
न उसका कोई सखा था न सहोदर

उधर जल को मिट्टी चाहिए थी
मिट्टी को चाहिए थे कीट-पतंगे
तब कमल भी नहीं था
जो पानी को कीचड़ की आँख से देखता

इंसान बहुत बाद में आया इस समझ के साथ
जल होगा तो होगा कीचड़ भी
और कमल के खिलने की बात कर कोई खुशनसीब ही
कर सकेगा

तब बारिश ने
दुःख को अपने साथ लिवा लाने का हुनर नहीं सीखा था
हाँ, शायद दुःख तब तक पैदा भी नहीं हुआ था

मगर जल था जो
बिना किसी विघ्न के दुनिया गढ़ पाया

दुःख तो शायद
कुम्हार के हाथों बना होगा

मिट्टी के लौंदों को जब चाक पर रखा होगा
मिट्टी को जल में गूँथा होगा
तब आँख बचाकर दुःख उसमें
शामिल हो गया होगा

यह सब कुम्हार के संज्ञान के परे ही बात थी
उसने तो चुपचाप एक सुन्दर आकार को जन्म देकर
उसे आग की भट्टी में रख दिया होगा

फिर जब किसी चित्रकार ने बनाया होगा पहला चित्र
चुपचाप ऊँचे खड़े पहाडों,
स्तब्ध तने पेड़ों के बीच
बिना शोर से बहते पानी का

उस चित्र को देख
कोई कला मर्मज्ञ
पहुँच गया होगा किसी दूसरी दुनिया में
और बुदबुदाया होगा,
"ओह दुःख"

एक कवि के लिए संसार में
दुख के अंकुरण की यही प्रक्रिया है
इसीलिए दुःख के लिए वह किसी को दोषी नहीं ठहरता
बस, प्रकृति से ढांढस की कामना करता है

स्थगन

नज़दीकियाँ,
उम्मीदों के वस्त्र पहनकर आती हैं
इन्हीं वस्त्रों में वह मेरे बिलकुल
नज़दीक थी

फिर जैसे पहली मुलाक़ात में
सब अच्छा ही होता है,
सब शानदार ही था

उसके बाद ही चीज़ें
बदलनी शुरू हुईं

मेरी एकटक नज़रें
उसे पूरी तरह से जज़्ब कर लेती थीं
अपने संकोच को हम दोनों ने ख़ुद से
दूर ही रखा

उसके बाद तो जैसे हम दोनों की साँसें
एक ही थीं

एक ही थी
हमारी सोच की दिशा

उम्मीदों का रंग कब स्याह होने लगा,
यह पता ही नहीं चला

उसके साथ से
अन्ततः मेरे सारे दु:ख हरे होने लगे

यह दोस्ती उस किताब से की गयी दोस्ती थी
जिसने अपने हर्फ़ों पर कभी न छँटने वाला कुहासा
जमा कर रखा था

अब इतनी नज़दीकी के बाद भी
इस दोस्ती से दूर भी
कहाँ जाती ?

जब कोई राह
अपने लिए कदमों का इन्तज़ाम नहीं करती तो
सारे रास्तों पर धूल पड़ी थी

मेरे सारी राहें अब
धूल-धूसरित थीं

मैं पढ़ती रही वही किताब
और भूल ही गयी बाहर का रास्ता

संसार तुम्हारी परछाईं

The most beautiful rainbow is the one inside your soul.

Matshona Dhliwayo

मनोरथ

इस बार किसान
अपनी ज़मीन के एक टुकड़े पर
न बाजरा रोपेगा
न ज्वार, चावल और मूँग
न रबी की फ़सलों की रोपाई की सोच की ज़द में है
अबकी दफ़ा
किसान

इस बरस
इस भूखण्ड पर
केंचुए ज़मीन को परत दर परत खोद डालेंगे

ज़मीन अपने सीने पर उन खरपतवारों को उगते हुए
सन्तोष से देखेगी
हर बरस जिन्हें किसान और उसका मेहनती परिवार
जड़ समेत उखाड़ता आया है

इस बार ज़मीन रोपेगी
अपने मन की वह फसल
जिसकी चाहना उसे सुबह-शाम रहा करती है

किसान समझता है
अपने खेत का मन

जैसे ज़मीन समझती आयीं है बारिश के लिए उसके इन्तज़ार को
और अपनी देह से छीजते जा रहे अपने खनिजों को भी

एक अधीन शाम

कितना उदास अँधेरा है
देखते ही देखते
इस स्याह अँधेरे ने
एक चंचल, बल खाती नदी को
निगल लिया है

कई फ़ाख़्ता, टिटहरियाँ, पेड़-पादप
इस अँधियारे में
लोप हो गये हैं

अपनी पसन्दानुसार तैयार किये गये खुशनुमा रंगों को
भी इस तिमिर ने अपने में समेट लिया है

और कुछ तो नहीं बस
एक शाम को
अँधेरे की गिरफ़्त में जाने से
रोक सकी हूँ

उसी शाम के आँगन में बैठ
देख रही हूँ
खुली आँखों से
वे सपने

जो कल की नींद का हिस्सा नहीं बन पाये थे
और कालिमा का हिस्सा बनने से रह गये थे

पसन्द पर चुप्पी

अपने पंख समेटे
हरियाली पर आराम करती
रंग-बिरंगी तितलियों-सी पसन्द

ऊँगली भर छूने से ही
आकाश हो जायेगी

अपने पसन्द की तितलियों को उनकी ऊँचाई देने से मैं
आज भी घबराती हूँ

नहीं चाहती
कोई जाने
भाता है मुझे रंग आसमानी
बादलों की दबिश मुझे पसन्द नहीं आती
साफ़ चमकता आसमान लुभाता है
नींद से अटूट है प्रेम
सुहाता है पतला तकिया
चाय के प्याले का सुकूनदेह साथ

भविष्य की ओर पीठ करके बैठना मुझे अच्छा लगता है
भूतकाल प्रिय है मुझे
पसन्द आते हैं सिनिकल किरदार,
आत्मा के आँसू टपका देने वाले गीत,
श्वेत-श्याम फ़िल्में,
वे नायक,
जिनके हाथों में सिगरेट सुलगती रहती हो
और उन्होंने पहनी हो धोती
तो बात ही क्या

डरती हूँ
सार्वजनिक होते ही
मेरी पसन्द मुरझा जायेगी
मैं जानती भी तो नहीं कोई
कालाजादू
बना दे जो मेरी पसन्द को फिर से
हरियाली पर लेटी हुई
रंग-बिरंगी तितलियाँ

अब देखो इस कविता में
मैं कई बार बहकी
फिर भी छुपा ली मैंने
अपनी कई पसन्द

ख़ासतौर पर पसन्द कीं वे तितलियाँ
जिन्होंने कभी मन की दीवार लांघकर
आकाश की नीलिमा नहीं देखी

मन में टांक रखना

देखना,
हर बार
दृश्य में
शामिल हो जाना
नहीं होता

इतना ज़रूर है कि
सामने पड़ने वाले
सभी दृश्यों को
आँखों की उष्मा
मिल जाती है

अन्त में बचा रह जाता है
उतना भर ही यथार्थ
शामिल हो गया
जो मेरे देखे में

और वह यथार्थ भी
जिसे भीतर के सजल नेत्रों
ने देख लिया है

मन की जो आँख है
उन्हें भी यथार्थ ही सुहाता है

फ़रेब

मन बहुत दूर तक
उसके साथ ठुमकता हुआ चला तो गया मगर
वापसी पर भूल गया घर का रास्ता

अपने मन को यूँ
खुला रखने के लिए
आज तक मुझे ढेर सारे
उलाहने मिलते हैं

याद आती हैं मेरे मन की प्रेमिल आँखें
उसका वह बाल सुलभ रूप
नंगे पाँव पैदल ही
मनमीत के पदचिन्हों पर
अपने कदम रखता
चल दिया था

मन के लापता हो जाने पर भी
मैंने कभी उसे गुमशुदा नहीं माना
और न उसे शिकारी माना
बुना था कभी जिसने
इसी मन ख़ातिर
लुभावना जाल

फ़िलहाल मन अभी भी लापता है
और शिकारी ठीक मेरी बगल में

बचे रहना अन्त तक मेरा

बची रही मैं
आख़िर तक

एक वक़्त के प्यारे लोग
अपनी-अपनी स्मृतियों के साथ
रवाना हो गये

तब्दील हो गये वे
जटिल वर्गीकरण की
कठिन शब्दावलियों वाली
फफूँदियों में

भूले से भी
जब कभी उनसे सामना होता
तब
मुझे गले लगाने से पहले
उनका लिजलिजापन
मुझसे हाथ मिलाता

सही ही रहा
छोड़ दिया
एक-एक कर
सबने साथ मेरा

शायद तभी बच सकी मैं
अन्त तक

मुझे मेरे एकान्त ने
साबुत बचाया

मेरे कविता-संग्रह में
सबसे ज़्यादा कविताएँ
इसी एकान्त पर संग्रहीत हैं

ये ही प्रमाण हैं मेरे एकान्त में मेरे
जीवित बचे रहने का

संसार तुम्हारी परछाईं

कहीं कुछ नहीं था
मगर कुछ होने का रहस्य
ज़रूर था

उसी रहस्य के घेरे में था एक समुद्र
एक सुनहरा अंडा
उसके ही संसार बनाने
पृथ्वी रचने
जीवन के उभरने का
रहस्य था

इस रहस्य के भीतर ही
संसार को समझने की कोशिशें की गयी
ये कोई मामूली प्रक्रियाएँ नहीं थीं
कि इन्हें देर तक टालकर रखा जा सके

मगर पृथ्वी पर बसर करने वालों के सामने
संसार की कितनी ही बारीकियाँ
अब भी रहस्य हैं

पृथ्वी की सतह पर एकत्रित हो गयी
ढेर सारी अशुद्धियों और
थोड़ी-सी पवित्रताओं में
पृथ्वी का अविनाशी रूप ढूँढ़ती
मैं ख़ुद भी एक रहस्य ही रही

तब तक बहुत सोचने और
अधिक समझने की कोशिश में
एक रहस्य खुला

वह रहस्य तुम थे
और थी
तुम्हारी
परछाईं

अब जान चुकी हूँ
संसार तुम्हारी परछाईं है
जिसमें प्रतिबिम्बित है
मेरा संसार

अनुवादक का सपना

सामने एक लबालब,
छलक उठने को आतुर कुआँ है

जिसके जल में उतरने से पहले
अनुवादक को
इस कुएँ के जल के
अपने स्वभाव से भी
कहीं अधिक शीतल होने की कल्पना से ही सिहरन आ गयी है

मन को कड़ा कर
हौले-हौले अनुवादक
अपने ख़रगोश के मुलायम ख़यालों के सहारे,
अनुवाद में उतर गया है

मालूम नहीं
सिमटा, सकुचाता, झिझकता अनुवादक
देह या मन के कौन से
कोने को बचाने की कोशिश में है?

लो आख़िर
वह तलहटी तक
पहुँच ही गया

गर्दन को थोड़ा सीधा कर गर्व से भरा वह
कुछ ऐसे ताब में है
मानो नाप लिया है उसने
कुएँ की आत्मा का क़द

ध्यान की मुद्रा में
शब्दों,
अहसासों के संग
मुंडेर पर वापिस लौटते हुए
सोच रहा है अनुवादक,
लहू और पसीने के मिलन के बारे में
जो शायद इस सफ़र का हासिल है

अनुवाद के उसके इस पूरे सफ़र में
अगर कुछ अजीब है
तो बस इतना कि
एक बार भी अनुवादक
वर्तनी की अशुद्धियों के बारे में
नहीं सोचता

और इससे एक क़दम आगे बढ़कर
हमेशा की तरह हो
गुम हो जाता है
दूसरी कविता के अनुवाद के दिवास्वप्नों में

कवि होने की नियति

धीमी
कुछ अधिक ही धीमी

कुदरत से कुछ ऐसी ही चाल मिली थी
कवि को

कुछ सोचते हुए
कुछ सपनों में गुम होते हुए

पीछे से आते लोगों के
सर्र-से आगे निकलने
पर हैरानी से विचारते हुए

दुबली चाल वाला भी अपनी सुस्त चाल से चलता हुआ
कवि से आगे निकलकर
अपने ठिकाने पहुँच जाता और
खा-पीकर
उतार भी लेता
सैर की थकान

तब भी कवि
चलते-चलते
कल्पना की अपनी उसी पुरानी
ज़मीन पर कई महल बना रहा होता

पहले से अपने ही बनाये
महलों को ढहाकर

संसार से पीछे रहकर ही
उसने रचा था अपने कवि होने को
और जीवन में पीछे रहने की इच्छा जताई थी

सवाल मेरी उदासी का

Sometimes the heart sees what is invisible to the eye.

H. Jackson Brown, Jr.

मेरे हिस्से की प्रेम व्यवस्था

मेरे हिस्से के
गुलाब
कहाँ हैं ?

कहाँ हैं
मेरे नाम मेरे पते पर
लिखे गये
प्रेम-पत्र

ले आओ मेरे क़रीब
कहीं से ढूँढ़कर उन्हें

कि गुलाब
काले न पड़ जाये

खुशबू,
फूलों से वापसी को तैयार न हो बैठे

प्रेम-पत्रों की स्याही
फीकी न पड़ चुकी हो

मैं कैसे पढ़ पाऊँगी
तुम्हारे वे प्रेम-पत्र
जिनको लिखने के लिए उठायी गयी
क़लम की स्याही
'क्या लिखूँ?'

यह सोचने में ही सूख गयी थी

निब के दबाव से वंचित उन
प्रेम-पत्रों की प्रतीक्षा में
हूँ मैं

उन लाल गुलाबों की प्रतीक्षा में
जिन पर सुना है, नुकीले कांटे उगते हैं,

पर वे किसी को चुभते होंगे
यह मानने को मैं तैयार नहीं
जैसे यह मानने को मन नहीं
कि किसी ने मेरे नाम-पत्ते पर प्रेम-पत्र प्रेषित नहीं किये
किसी ने मेरे लिए लाल गुलाब नहीं चुने

सवाल इस उदासी का

इसकी उपस्थिति मुझे
पूरा करती है

हम जब एक साथ निकलते हैं
तो हमें नज़र लगने का डर
बराबर बना रहता है

यह भी मेरी ही तरह
भरी आँख से
उम्मीद के सपने देखना
सीख गयी है

ऐसी सक्षम उदासी है मेरी
कि पलटकर
मुझे ही पूछने लगी है :
बताओ,
आज तुम मुझे कहाँ-कहाँ ख़र्च करने वाली हो ?

ढेर सारी उदासी कमा तो ली मैंने
अब इसे ख़र्च करने की विधि भी मुझे खोजनी होगी?

बेदिली

कितनी नमकीन उदासी है
कि ओक में भरकर
इसे पीना काफ़ी मुश्किल है

मासूम-सी दिखने वाली इस उदासी को
कहीं रखकर
घर के काम निपटना
तो कतई नामुमकिन

क्या यह उदासी मुझे
मुझे नमकीन समुन्दर समझकर
मेरे साथ ही खेएगी
अपनी उम्र के बचे हुए
दिनों को ?

यही सोचते-विचारते
आज की सांझ भी
लौट गयी है
चलो, अब वक़्त हुआ फिर

इसी उदासी को ठीक अपने सामने बिठाकर
बरामदे में उसके संग बैठ चाय पीने का
और सोचने का

कि कितनी नमकीन उदासी है ये
आज फिर!

सफ़ेद से प्रेम
(मीना कुमारी के लिए)

उसकी आत्मा की सफ़ेदी और
गहरे कुएँ से आती-सी उसकी आवाज़ की डोर पर
दुःख और दुःख के अनेक सहोदर
ऐसे विचरते और विश्राम पाते
जैसे बिजली की तार पर तफ़रीह करते हुए पंछी
किसी परिदृश्य का हिस्सा बनते हैं

पता नहीं उस घड़ी
अपनी सफ़ेदी को वह कैसे
बेदाग़ रख पाती थी
जब उछाल देती थी दुनिया
उसकी ओर कई भद्दे और अश्लील रंग

उसके मन की तलछट से निकले
कितने ही आँसू
सफ़ेदी की भेंट चढ़ जाते
दिखने को बची रहती बस
एक दर्द भरी मुस्कान

जन्नत की उस संकरी राह की सफ़ेदी
आज भी बरक़रार है
जिस पर हड़बड़ी में कुछ ऐसे चली गयी थी वह
जैसे वहाँ पर अपना
कोई छूटा हुआ समान
वापिस लाने गयी हो

'सफ़ेद रंग से प्रेम करने वाले
करते हैं प्रेम दुखों से भी'
इस कथन को उसने फिर सच साबित किया

वह जो सफ़ेद में डूबकर
बगुला थी
धरती के मटमैले जल में डूबते-उतरते हुए
चुगती रही
कई अनमोल रत्न

मौनावलम्बी

जाने किस जीवन की सुधि ले, लहराती आती मधुर-बयार!

महादेवी वर्मा

उम्र से अधिक जीना

अपनी छोटी और महीन
आयु-रेखा का हवाला देना
अब ज़रा बन्द कर दो

अतीत से न जाने
कितनी बार
स्मृतियों को उठाकर
तुमने उसमें प्राण फूकें हैं

एकान्त की इस कार्रवाई की
मैं गवाह होती तो
शायद बता पाती
इन स्मृतियों के ज़रिये
तुमने एक साथ कितने जीवन
जी लिए हैं

और कितने जीवन को कन्धा देकर
मसान ले गये हो
और लौटे हो

फूँकते
सिगरेट पर सिगरेट

स्मृतियों की ऊर्जा को
वर्तमान का सूखा ईंधन
बनाना
कोई तुमसे सीखे

डर, जो डर-सा नहीं

एक बार
काग़ज़ के एक टुकड़े में
डर बैठ गया था
जिसे लम्बे समय तक
इस कोने
उस कोने
इस दराज़
उस दराज़
छुपाया करती थी मैं

एक डर ढक्कन के खुलते ही
खुशबू के उड़ जाने का भी था

सपने में डर,
पानी की शक्ल में आया
न जाने कहाँ-कहाँ का रास्ता पकड़ते हुए
मेरी चारपाई के
पायों तक आ पहुँचा था सैलाब

दुनिया के ख़त्म होने का डर
तो मेरे भीतर का एक
अटूट हिस्सा बन गया है

रोज़ का है यह डर भी
कि कोई कहेगा,
"चलो, चल निकलो यहाँ से
कि अब यह दुनिया ख़त्म हुई"
इतना होने पर भी उस एक डर को मैं अन्त तक
बचाकर रखना चाहूँगी
वही डर जो
छुपाया था मैंने लम्बे अर्से तक
काग़ज़ के एक पुर्ज़े में

बाक़ी डर तो इतने उजागर हैं
कि घूमते हैं दुनिया-जहान में
बताने को मेरे
डर के क़िस्से

आदत से मजबूर

स्मृतियों ने
अपने मन बहलाव के लिए
कुछ दृश्य
चुन लिए हैं

यह जानते हुए भी कि
किसी दिन
ये दृश्य भी
धुँधले हो,
उसके ज़हन से हट जायेंगे

मेरे क़रीब
स्मृतियों जैसी
लचीली सुविधा नहीं है
मुझे अपनी सबसे हसीन
स्मृतियों को बहा देना पड़ा है
बार-बार मन के सतह पर उभर आने वाली स्मृतियों को
चुपके से इकट्ठा कर
एक दिन उनकी समाधि बनाई है मैंने

अपनी स्मृतियों को नज़र लगने का ख़तरा
मुझे परेशान करता है
स्मृतियों पर किसी तिलिस्म से असर होने की बात भी
मुझे व्याकुल करती है
इसी बीच मैंने अपनी
एक पुरानी
मगर प्रिय
स्मृति को
'अलविदा'
कह दिया है

मगर यह तय है
मैं समेटती रहूँगी
स्मृतियाँ,
जल में बहा देने के लिए
उनकी समाधि बना देने के लिए

अब यह
मेरी दिनचर्या का एक सहज काम बन गया है

मौनावलम्बी

एक जामुनी फूल को छूने भर से
पूरा बाग़
मेरे क़रीब आ गया

आसमान की ओर ताकता
सूरजमुखी मेरे पास आया

नींबू की टहनी के साथ
ऊपर चढ़ने की कोशिश में
अमरबेल ने मुझे देखा

समुन्दर को निहारते
चट्टान पर खिले रंग-बिरंगे फूल,
अपने पंखों का रंग बदल-बदलकर
मेरे पास आईं
मँडराती तितलियाँ

मैंने सही ही
उस जामुनी फूल पर
अपनी उँगली रखी

मैंने ठीक ही
अपने लिए चुप्पी का वो अनोखा
समय चुना था

मौन के इसी दिव्य वैभव को
अपने साथ लेकर
मैं भी इस दुनिया के और क़रीब आयीं

वापसी

जीवन से भटका हुआ प्राणी,
जिह्वा के ज़रिये वापिस
जीवन में लौटता है

पानी के लिए पुकार,
उसके जीवन में वापिस लौटने का
पहला संकेत है

अब वह माँग सकता है कोई
बेमौसमी फल भी

जिह्वा के बाद
श्रवण तन्तु स्पंदन के ज़रिये
महीन आवाज़ों को थामने के लिए तैयार हो उठते हैं

जिस दिन वह कह उठे
'आज सूरज कितने बजे निकला'
समझ लेना चाहिए वह पूरी तरह जीवन में
लौट आया है

जब वह राजनीति की चर्चाओं में रुचि
दिखाने लगे तो
उसे लेकर बे फ़िक्र हो जाना चाहिए

भूल जाना चाहिए कि एक वक़्त
जीवन के प्रति उसका प्रेम
ख़त्म हो गया था
जैसे आज उसे खुद भी याद नहीं
कि वाक़ई ऐसा भी कभी हुआ था!

विलास-साधन

नींद से बाहर निकलते,
नींद में प्रवेश करते,
दो अनजाने सपने
आपस में टकरा गये हैं

इस टकराहट ने थोड़ी भी खिन्नता नहीं जन्मी

नींद में पलते
किसी सपने को
दूसरे सपने से आगे नहीं
निकलना

सतरंगी इन्द्रधनुष रचने के उतावले किसी सपने की इच्छा पूरी हो जाने के बाद ही
दूसरा कोई सपना
नींद के आकाश में
उड़ान भरने की तैयारी करता है

कोई भ्रमणशील सपना
दिवास्वप्न में भी चला आता है

कवि
इतना भर जानते हैं
सपनों और नींद के बारे में

कि वो जो अपनी बगल में तकिया लेकर
बिस्तर पर जाने की जल्दी में है
शायद वह ही ज़्यादा बता सकेगा
नींद की तलब के बारे में
नींद के तापमान की तासीर के बारे में
ज़रूर वह सपनों के बारे में भी
कवि से अधिक जानता होगा

ये कवि तो दिवास्वप्नों के अभ्यस्त हैं

कभी-कभी आने वाली नींद
उसके लिए महज़
एक विलास है

फ़र्ज़ी नींद

नींद में सीलन भरी
एक अँधेरी गुफा में सोने की तैयारी में करवटें बदलते
बूढ़े-बीमार शेर का बिम्ब है

चहचाहता,
हरा-भरा बाग़ीचा
नींद में फल-फूल रहा है

एक सलोनी परी की स्मृति है
जो नींद में भी क़रीब रहती है और
जागरण में भी

अरसे से वे नटखट मगर अज़ीज़ दोस्त,
जिनके लिए कभी उठकर
घर का फ़ाटक नहीं खोलना पड़ा
वो भी नींद का हिस्सा हो गये हैं

नींद के क्षेत्रफल में
एक तीखी, मुड़ी नाक वाली कुटिल चुड़ैल की आवाज़ाही भी है

यह भी कोई नींद है
जहाँ सपनों के नाम पर
कोई न कोई
देखा, पहचाना या
बहुत जाना-पहचाना
या कभी-कभार परिचित देह पर
अजनबी चेहरा लगा कर कोई बाशिन्दा
बेखटके आ धमकता है

यह नींद,
अब नींद-सी भी
नहीं लगती

गुज़री रात ही
इसी झूठी नींद से उठी हूँ मैं
बस, यही झूठी नींद ही अब
सच्ची नींद है मेरी

अब कोई बेमिसाल सपना आये तो
नींद की मृत देह,
जाग्रत हो
और मैं देखूँ स्वप्न का संसार

कामचलाऊ स्मृतियाँ

इनके पास
चुटकी बजाने जितना ही
वक़्त है

बस इतना-सा ही समय
कि,
टँगी रह सके उस पल में,
गंतव्य की याद

या घर से निकलते वक़्त
चाबी को गमले में छुपाकर रखने की
हिदायत

अपना मतलब सधते ही
ये कामचलाऊ स्मृतियाँ
स्मृति का हिस्सा नहीं होंगी

इन स्मृतियों को
किसी फ्रेम में
बिठाने के श्रम में
नहीं उलझेंगी,
मस्तिष्क की कोशिकाएँ

कुछ इसी तरह
दिमाग ने तुरत-फुरत की इन स्मृतियों के
अतिरिक्त बोझ से
खुद को बचा लिया है

वह तो मन है जो
उन कामचलाऊ स्मृतियों
में ही खोया रहता है
जिन्हें सहेज रखने
और उनके मर्म की पीड़ा से
मस्तिष्क बच गया था

नारा महज़ नारा है

Nothing will work unless you do.

Maya Angelou

हमारी कामगार तस्वीरें

दो मज़बूत हाथ
दो बलिष्ठ पाँव
बस इतना ही
और हमारी तस्वीरें हुईं मुकम्मल

बीच में सिर होता है न बच्चे
और सिर भीतर दिमाग़
बस, वही नहीं चाहिए यहाँ

यही दिमाग़ तो बेलगाम हरकतें करता है
सारी गड़बड़ इसकी हरकतों से पैदा होती है

ऐसे ही तो चित्रित होती आयीं हैं
देश-दुनिया के मज़दूरों की तस्वीरें
धड़ विहीन सिर के

और सुनो,
इनमें रंग मत भरना

ये ऐसे ही शोभा देती हैं
श्वेत-श्याम नहीं तो सलेटी

कोमलता की एक भी लहराती वलय रेखा
यहाँ मत उकेरो

अब लाओ
ले आओ
यहीं बगल में अट्टा दो
सींगों वाले सिरों वाली प्रबुद्धजनों की रंगीन तस्वीरों को
यहाँ बगल में

इस तरह चित्रों के संसार में भी
दो दुनिया इकट्ठा होती जाती हैं

दैनिक श्रमिक

कैसे एक कीड़ा
घर कर लेता है
फल में
क्या उसे गन्ध से प्रेम है ?

'गन्ध मजबूरी है
प्रेम नहीं'
कीड़ा भूखा है
मुग्ध नहीं

गटर के बीच में घुस
एक मज़दूर दुर्गन्ध में कसमसाता है
मज़दूर बेबस है
बहादुर नहीं

भूख तो
उस प्रेम को भी पटखनी दे सकता है
जिसका माई-बाप खुदाओं का खुदा माना गया है

हम मज़दूरों की पहुँच भी ऐसी ही तो है
नीचे से नीचे
गहराई में
ऊपर से ऊपर अनन्त ऊँचाई में

मज़दूर बेलगाम बोल उठते हैं
हमारी हड्डियों में कैल्सिशयम नहीं
शीशा है
आँखों में रतौंधी

हमारी माँएँ घरों में बर्तन माँजती हैं
बहनें सैलानियों का मनोरंजन करती हैं
भाई
बजरबट्टू बने सड़क पर पानी की बोतलें बेचते है

दुनिया भर की अजीबोग़रीब बीमारियाँ
बाज़ीगरी दिखाती हुई
एक मज़बूत रस्सी की मदद से
सीधी हमारे जिस्मों में उतरती हैं

***

हमारे धर्म अलग
जाति अलग
हमारी भूख अलग

हमारी प्यास अलग
हमारे राशन कार्ड अलग
हमारी जनगणना अलग
हम अलग थलग शलग
हमारा थूक अलग
हमारा पेशाब अलग

अपने ही देशों में विस्थापित हम

देखते तो हो ही तुम
बाल मज़दूरी के ख़िलाफ़ झंडा बुलन्द करने वाले
अगवाओं के घर हम रोटी पकाते
बर्तन साफ करते पाये गये

हमारा श्रम देवता भी
तुम्हारी चिकनी दुनिया की ओर मुँह
भी नहीं करता
बस, आशीर्वाद देता है,
'प्रसन्न रहो और हमारी मेहनत पर ऐश करो'

नारा महज़ नारा है

'दुनिया के मज़दूरों एक हो जाओ'
इस नारे को बोलने से पहले कुछ सोचना होगा

हमारी एकता में इतने बल हैं कि
उन बलों को निकालते-निकालते
हमारी पीठ साबुत नहीं बची

नारे का झण्डा थमाने वाले खुद
कहीं बाद में जान पाये कि
एक होने के लिए
समय और साधन होने चाहिए

एक होना तो दूर
भूख-प्यास से
हमारी मेहनतकश आबादी
आधी-अधूरी हो गयी

अधूरों को तोड़ना कहीं आसान होता है
हम टूटे
भर-भर टूटे

जादूगर मिस्त्री

कभी किसी जादू पर यक़ीन करने का मन नहीं होता था

लेकिन वह यक़ीन ख़ुद चलकर मेरे क़रीब आया
जादूगर ने अपने मटमैले झोले से निकाली
छोटी-छोटी कीलें
चैनल
और एक बड़ा-सा हथौड़ा

लकड़ी पर थिरकते दो हाथ,
दसों उँगलियाँ
और कान में खोंसी हुई बीड़ी
चेहरे पर मेहनत की आभा

शाम तक
लकड़ी के
कई पुतले बना
उसने
फूँक दिये उन सबमें प्राण

और मुझे करके काठ
अपना काम समाप्त कर लौट गया
लेकर दिहाड़ी आज की
मात्र छह सौ रुपए

इयत्ता

My silences had not protected me.

Audre Lorde

पिछला आँगन

घर का अगला आँगन
खुशियों की गुलदाउदी खिलने के लिए है
पिछला आँगन स्त्रियों के सुख-दुःख
की साझी परछाइयों के लिए

तीन पीढ़ियों की स्त्रियाँ
इसी पिछले आँगन में छोटी-बड़ी पीढ़ियों पर बैठ,
सुस्ताया करती हैं

ननद, देवरानी के सिर से जूँएँ निकलाती है
बहू, सास के गठियाग्रस्त पाँवों पर गर्म तेल मलती है

आड़ी-तिरछी रस्सियों पर अलसाते हैं गीले कपड़े

इसी पिछले आँगन में सूखती हैं
हल्दी की गाँठें और
गीली-सीली लाल मिर्चें

स्त्रियों के साथ ही थोड़ा-सा बहुत
सुस्ता लेते हैं
झाड़ू-पौंचे और
टूटे कनस्तर

चारपाइयों पर
गर्म कपड़ों को धूप दिखाने के साथ ही
स्त्रियाँ अपने मन को भी हवा लगवा लेती हैं
तरो-ताज़ा होकर
घर के अहाते में प्रवेश करते हुए
ज़ोर-से आवाज़ देते हुए पूछती हैं
"चाय कौन-कौन पियेगा?"

स्त्री आचार-संहिता

तुम्हारे भीतर जितने भी क़ब्रगाह हैं
क़ायदे से उन पर
मोटा पर्दा रखो

सिलाई-बुनाई-बुहारी-कटका से मन का ध्यान बँटा रहता है
तो स्त्रियो, तुम इन्हीं सब में
ध्यान लगाओ

रसोई की मिली-जुली गन्ध में भुला दो
पिछली रात पड़ी लातों की मार की पीड़ा को

पेट की ऐंठन को
पेट में ही निपटा लो

याद हैं न तुम्हें वे दिन
जब तुम्हारे सामने बोलने पर पिता ने गुस्से में उबलते हुए कहा था,
"ग़लती की तुझे पढ़ा-लिखाकर। ढोर-डंगर चरवाने थे तुझसे"

और पति का वह ताना जो कानों में रोज़ घुलता है
"पहले ही दिन से तुझे अपनी जूती के नीचे रखना था"

और बेटे की सीख भी जो गाहे-बगाहे वह देता आया है
"माँ, पिताजी का कहा माना करो"

जिस्म में केंचुलियों के ढेर
दिन-रात जलने वाली श्मशानी आग के आजू-बाजू रहने वाली तुम

ज़मीन को अँगूठे से कुरेदती
इतनी शान्त, इतनी संकुचित
कैसे रहती हो?

स्त्री आख़िर तुम क्या बला हो?
ख़ैर,
तुम जो हो
सो हो
लेकिन समय रहते
ऊपर दर्ज स्त्री आचार-संहिता को अच्छे-से रट लो

इसे गढ़ने में पुरुषों ने सदियों से मेहनत की है
तुम उनकी मेहनत की महिमा का मान रखना ही नहीं जानती

तुम्हें मालूम है,
आधी आबादी के गले में बेल डालना इतना आसान कहाँ था?

आइडेंटिटी क्राइसिस/पहचान

यहाँ तो लिपस्टिक और नेलपॉलिश के भी शेड्स और नम्बर हैं

रागों के नाम हैं
रंगों की अलग पहचान है
सड़कों के,
चौराहों के,
देश और देशों को अलग करने वाली विभाजन रेखाओं के भी नाम हैं

बीज अंकुरित होते ही अपने साथ
नयी पहचान ले आता है
काले बादल,
साफ़-सुथरे आकाश पर दस्तक देकर
अपनी पहचान स्थिर कर देते हैं

सिर्फ हम ही है
जो वाक़ई पहचान के संकट से गुज़र रही हैं
और संकट भी ऐसा कि

इस संकट के हल की चाबियाँ
हमारे ही बगलगीरों ने कहीं गुमा दी है

अब उनकी शिकायत भी किससे करें?
कोई सुनेगा हमारी बात?

बारिश में स्त्री

सुबह से आसमान झर रहा है
आँगन में लगा मिट्टी का हारा
हो गया है गीला

सब कुछ सीला-सीला-सा लग रहा है
घर में अजीब सी नमी आ गयी है
बिस्तरों को फिर धूप लगवानी होगी

***

लगता है-कल भी आसमान नहीं खुलेगा
शुक्र है, गोसे और लकड़ियाँ पहले ही जमा कर लिए
भैंस की तूड़ी भी सिमट गयी है
एक-दो दिन का काम तो चल ही जाएगा

***

दिन भर बारिश होती रही
कवियों ने कई कविताएँ लिख डालीं
प्रेमियों ने जमकर छतरी स्नान किया
और
स्त्रियाँ अपने घरेलू पहाड़े में ही उलझती रहीं
जीवन का कोई वाद उसके यहाँ फलित नहीं हुआ

रोटियों के बदले डर

बरसों मैं रोटियाँ पकाती रही और
वह
डर का नक़्शा तैयार करने के अपने शौक़ में लगा रहा
मेरी पकाई रोटी उसे पोषण देती रही
उसका दिया डर मैंने ख़ूब सँभाला
और बढाया अपनी देह का पीलापन
भीतर कहीं
देह के जल तले चींख़ भी गोता खाती रही
बड़ी होती बेटी बनी वह सहारा जिसकी दिलासा की रस्सी के साथ
मेरी चीख़ गले के बाहर तक आयी
उसने ही समझाया, "मत बनाओ रोटियाँ इसके लिए
जो देता है रोटियों के बदले डर"
अब वह पीला पड़ता जा रहा है
इधर मेरी देह के लहू में बढ़ रही है लौह-कणों की मात्रा

नयी बहू, मेहँदी, साँप-सीढ़ी और समय

मेहँदी लगे हाथों ने
नयी-नवेली बहू
को इतनी आज़ादी तो दी हाथों की मेहँदी फीकी होने तक
वह घर से कामों में न लगे
इस ख़ाली समय में नयी बहू
अपने छोटे देवर और ननद के साथ
खेल रही है साँप-सीढ़ी का खेल

अपनी पतली-पतली उँगलियों से वह पांसा फेंकती है
बच्चे अपनी भाभी के दोनों हाथों में धुर ऊपर तक लगी हुई
मेहँदी भरी कलाइयों पर मोहित हो उठे हैं

समय भी वहीं रुककर इस खेल में खो गया है
कुछ समय तक डूबकर वह चल देगा आगे
तब इसी बहू के फटी बिवाइयों वाले पाँवों,
सूखे बालों और सख़्त हो चुके हाथों की तरफ़
देखने की उसे मोहलत नहीं होगी

फ़िलवक़्त समय की निष्ठुरता को नज़रअन्दाज़ कर नयी बहू
मगन है खेल में
और इस कविता ने भी बहू को जीतते देख हल्की सीटी बजाई है

निर्भया के लिए

सरवाइवर

1.

देह की नहीं
उस आत्मा की बात है
कहती है जो
'नैनं छिन्दन्ति शस्त्राणि नैनं दहति पावक'
हाँ, वही आत्मा
जो सूई के छेद के उस पार आसानी से चली जाती है
बर्फ़ीले पर्वत के शिखर पर भी जिसे ठिठुरन नहीं होती
वही आत्मा कहती है
जिस तरह मच्छर
तुम्हारी मर्ज़ी के बिना तुम्हारी देह का लहू ले उड़ा
उसी तरह से उस काली रात को भी देखो
जिस चीज़ में तुम्हारी हामी नहीं
वह एक प्रतिशत भी तुम्हारी नहीं
तुम्हारा तो आने वाला कल है
जिसके सर पर लगी है सुनहरी कलगी
जिसकी नज़रें सदा आगे की ओर देखती हैं

2.

भक्त अपनी ताबीज़ें दरगाह में छोड़ आते हैं
पर्वतारोही अपनी शान की निशानी चोटी पर लहरा
खुश हो लेते हैं
मैंने उस रात की याद को
कश्ती बना बारिश की पानी में बहा दिया
वह रात मेरे जीवन की आख़िरी काली रात थी
अब हर दिन होगा
बारिश के बाद खुले आसमान जैसा
रुदन के बाद के धवल हँसी जैसा
पतझड़ के बाद मुस्कुराते वसन्त जैसा

3.

जो मेरे हृदय में उस बुरे दिन की याद को ढूँढ़ रहे हैं
उन्हें बता दूँ
अब वहाँ वसन्त के शोख़ फूल खिले हैं
पाट दिया है मैंने हर एक कोना
हरी काई फैली है यहाँ दूर तक
तुम भी अपने बच्चों-रिश्तेदारों को यहाँ लाओ
और उन्हें बताओ
एक भी उड़ते पराग कण को जीवन की उजास झट लपक लेती है
तब वहाँ बग़ीचा बनते देर नहीं लगती
उस बुरे दिन को बुरी आत्माएँ ले उड़ी हैं
उन्होंने ज़रूर उसे कहीं गहरे दफ़न कर दिया होगा

वह पहले वाली सहेली

उसी ने गाँव का रजवाहा
पार करना सिखाया था
पेड़ की सबसे उँची डाल पर चढ़ना भी
सबकी नज़रें बचाकर दूसरों के खेतों में घुस मूली खाना भी

उसी के चलते
घर से बाहर निकलने की इजाज़त लेने की
ज़रूरत मुझे कभी नहीं लगी

अब इतने वर्षों बाद
यह कहते भी नहीं बनता कि
बचपन में कभी
वह मेरे लिए
साक्षात् चमत्कार हुआ करती थी

जिसे देखती हूँ चारों पहर
गृहस्थी में पिसते हुए
चाहकर भी उसे
नहीं कह पाती:
कि तुम्हीं ने सुन्दर बनाया था बचपन
अब भी तुमसे उतना ही करती हूँ प्यार!

बेटियाँ

1.
बेटियों के सिर पर
यूँ हाथ रखों
सूरज की किरणें उड़ेलती हैं जैसे
धरती पर अपनी नेमतें

तुम्हारी मुस्कराहट बेटियों की पाक सच्चाइयों की प्रतिच्छाया है
दिन में कई बार तुम इन प्रतिच्छाया से होकर गुज़रते हो
इस तरह अपने होने का अर्थ
बेटियों के ज़रिये ही ठीक करते हो

2.
मुन्नी अब हज़ारों सितारों को अपनी मुट्ठी में समेटना चाहती है
तुम अगर उसकी मदद नहीं कर सकते
तो उसकी उम्मीद पर काली छाया मत डालो

याद रखो, मुन्नी की मुट्ठी में
एक रेखा है जो हथेली के आर-पार जाती है
जिसे भाग्य रेखा कहते हैं

3.

आँगन बुहार
ढेर सारा आटा गूँध
बेड़े की सारी भैंसों को नहला
बेटी स्कूल की दिशा में तेज़ी-से क़दम बढ़ा रही है

क्या सारे देवता रमणियों के
नृत्य देखने में व्यस्त हैं ?
या कोई ऐसा देवता है जिसके पास
पृथ्वी की बेटियों की दिनचर्या पर नज़र रखने का भी समय है !

4.

लाल-हरी पत्तियों जैसी फ्रॉक पहने
कलियों की तरह झाँक रही हैं कलियाँ

सारा बाग़ रंग-बिरंगी कलियों से गुलज़ार है
माली बेटियों से स्नेह की तरह
हर रोज़ सींचता है
कलियों को फूल होने तक

गली में लड़कों के साथ स्टापू खेलती लड़की
का कान पकड़ पिता
उसे पीटते हुए कमरे में बन्द कर देता है

कोई है जो शतरंज के मोहरों की तरह
यहाँ मोहरे बदल दे

वृद्धा की हँसी

हज़ारों तोहमतें जिन दिनों
दिमाग़ को भीतर तक
भोथरा कर देती थीं

हँसी की रोग प्रतिरोधक शक्ति से वह परिचित भी थी
पर मुक्त हँसी के नज़दीक जाना
मानों मधुमक्खी के छत्ते को हाथ लगाना था

युवापन के तनाव भरे दिनों में
हँसी की औषधि
की उसे सबसे ज़्यादा आवश्यकता थी

तब सपने, रंग, बरसात, आग
सभी को बिना किसी टकराहट के
एक साथ रहने का अनुभव हुआ करता था
पर एक खुली हँसी को इन सबके बीच
टिकने की तिल्ली भर भी जगह नहीं हुआ करती थी

आशंका हर पल द्वार खटखटाती
और उसकी मन्द वा हँसी में हर बार एक चौड़ी दरार पड़ जाया करती

आस-पास के लोग उसकी हँसी की खनक से परेशान होंगे
यह सोच उसकी हंसी का उद्गम लड़खड़ा जाता

अब इस पचहत्तर साल की जर्जर देह में खिलखिलाती
दंतविहीन हँसी से किसी को परहेज़ नहीं

यह हँसी अब अधिक बेशर्म
चक्करघिन्नी-सी
बिना रोक-टोक दूर तक घूम आया करती है
और वह लौट जाती है पुराने दिनों में
जब हँसी सलाखों के भीतर क़ैद रहा करती थी

कोरोना में स्त्री

एक स्त्री जब नयी दुनिया में दाख़िल होती है तो
पहने हुए तन पर सिर्फ चन्द कपड़े
बाद में ही तिनका-तिनका अपना घर बनाती है

केवल इस बार ही
स्त्री ने समझा
सिर्फ वह घर बुनने के लिए ही नहीं गढ़ी गई
वह रिश्तों की गोंद ही नहीं है सिर्फ़
उसे दुनिया पर भी नज़र रखनी है

दुनिया को सिर्फ पुरुषों के हवाले ही नहीं सौंप देना
और उसे सिर्फ अपने बगल में बिलखते बच्चे को लोरी सुनाकर शान्त ही नहीं करना
उसे निरीक्षण करना है कि
पुरुषत्व के ईंधन से चलती आयीं यह दुनिया आख़िर इतनी बेबस क्योंकर हुई?
क्यों लोग अपने क़रीबियों को लेकर भाग रहे हैं?
बीमारों के लिए अपनी आख़िरी साँस तक गिरवी रखने की शपथ खाने वाले

अस्पताल और डॉक्टर
मरीज़ों से छुप रहे हैं
तूफान दर तूफ़ान धरती तक को दहशत दे रहे हैं
लहू सड़कों पर बह रहा है

यही समय है जब स्त्रियों ने जाना,
यह जीवन इतना छोटा नहीं कि
इसे सिर्फ एक घर की चारदीवारी की देख-रेख में ही खर्च कर दिया जाये
और दुनिया को पहले की तरह ही
पुरुषों के हवाले कर दिया जाये
जहाँ वे जीयें अपने हिसाब से
और उनके हिसाब में हों ढेरों स्वार्थ

वे कोयल की कूक और
बहते जल की परवाह किये बग़ैर रपटते रहे दुनियादारी में
जिसके चलते फिर एक बार हम लौटे किसी और नये
संक्रमण की ओर
और हार मान लें इस जीवन से
कहते हुए,
"यह दुनिया तो पुरुषों का ही व्यापार है"

कमली

कैसी जानती हो
तुम कमली
नहीं छूने हैं तुम्हें कांसे के बर्तन
नहीं छूना है
पानी के डोल को
क़दम नहीं धरना ठाकुर की चौखट पर

नम्बरदार की कुएँ की मुंडेर पर
नहीं खेलना
नहीं करनी ज़िद
ज़मींदार की बेटी के सितारे जड़े लहँगे
जैसे परिधान के लिए

नहीं देखना गाँव के जवान पट्ठों की ओर
उनकी माँ-बहनों की स्निग्ध त्वचा की बराबरी भी नहीं करनी

नाक की सीध में देख दम भरना है
रोज़ एक सिद्ध नटनी की माफ़िक पतली डोर पर चल

लौट आना है
इसी टूटी झोंपड़ी में
सांझ ढलने से पहले

कमली, क्या तुम्हारी माँ ने घुट्टी में
संयम का घोल पिलाया था?

हमें बताओ, कमली
हमारी भटकन अपने तटों को तोड़कर बहने लगी है
बचाओ हमें
कमली
हम डूब रहे हैं
हम डूब चुके हैं

समय से साथ निखरती स्त्री

बीत रहा है समय

ऐसे में एक स्त्री
बरत रही है समय को कुछ ऐसे की
वह बाहर-भीतर से
बेहद ख़ूबसूरत हो चुकी है

उसकी आत्मा का आयतन
ले रहा है
अब अधिक विस्तार

उसकी बड़ी-सी गोदी में
सिमटने लगी हैं
मोहल्ले के ढेरों बच्चों और जवान होती लड़कियों की
चिन्ताएँ

उसकी लोरी की सुरीली आवाज़
कानों में छेड़ देती है
कई सरगम

उसकी समृद्ध मुस्कराहट
से होने लगे हैं कई उदास हृदय,
तृप्त

आँखें उसकी
इतनी सजल
उनमें झाँककर
उसकी फ़ाहे-सी रूह की थाह पायी जा सकती है
जीवन की ढेरों परेशानियों को
परे सरकाकर
झुर्रियों में सौन्दर्य का प्रतिमान रचती
हर स्त्री
को समय रहते पहचान लेना भी
क्या कम सुन्दर नहीं?

पुस्तकालय : नयी स्त्री का प्रसूति गृह

तानाशाह और शान्ति-दूत की जीवनियाँ एक ही
बुक शेल्फ़ में विश्रामरत हैं
विचारों की दिव्यता में
"कृपया शान्त रहें"

पृथ्वी के शोर को ज़रा बाहर ही रख आएँ

देखिए, मैं बताती हूँ

सबसे ज़्यादा पढ़ी गयी
गर्व से इतरायी किताबें
उस तरफ़ हैं

थोड़ी उपेक्षित-सी उस तरफ़

बरसों से इन्हीं
किताबों की खुशबू के साथ
घर में प्रवेश करती रही हूँ मैं

वह जो
अपने पति से अलग होकर
पुस्तकालय की शरण में आयीं है
आजकल
पुस्तकालय में पढ़ने के अलावा
उसे स्त्री को भी पृष्ठ दर पृष्ठ पढ़ रही हूँ

मेज़ पर झुकी
उसे ही पढ़ रही हूँ आजकल
गोया वह
बिलकुल नयी एक किताब हो
जिसका पहला पन्ना भी
मुझसे पहले किसी ने नहीं पढ़ा

मेरे जीवन कैनवास पर तुम

(गोगी सरोजपाल के लिए)

सुना था
साधारणता का कोई अलाप नहीं होता
न साफ़गोई का कोई रंग होता है
न कोई दिशा भ्रम
न उसके पास होती हैं
विस्फोटक स्मृतियाँ

साधारणता की मौलिकता से
परत भर दूरी पर है
तुम्हारी असाधारणता

कैनवास के चारों कोनों तक फ़ैली
तुम्हारी मुस्कान
जिसका न कोई ओर है
न छोर

तुम्हारे पास बस कुछ
स्थायी रंग हैं
और उनके कुछ युग्म

'सिगरेट पी सकती हूँ?'
प्रश्न इतना लाज़वाब नहीं था
तो तुम्हारी शिष्टता ही थी
जिसे नज़रअन्दाज़ कर पाना कतई सम्भव नहीं था

साक्षात् तुमसे रू-ब-रू होने से पहले
तुम्हारी तस्वीर से इश्क़ हुआ था

पत्रिका के एक पृष्ठ पर
फ्रेम में दरी पर बेलौस-सी
रैपर पहने अधलेटी तुम
अपनी नुकीली उँगलियों में सिगरेट थामे
पकड़ में न आने वाली मुस्कान को
दबाए हुए

वह तस्वीर ही तुमसे पहला परिचय था
जब वाक़ई में तुम्हारे घर की डोरबेल बजायी थी
वही पत्रिका की तस्वीर वाला युवा स्त्री
कोट में हाथ डाले
अपनी पकी उम्र और पहले से युवा मुस्कान में
मेरे सामने थी

सामने मेज़ पर रखी तुम्हारी चाय में चीनी नहीं थी
तुम्हे उसकी ज़रूरत भी नहीं है
जीवन में मिठास किस रास्ते आती है
यह तुमसे जानने के बाद
चीनी की उपयोगिता
चुपचाप सीढ़ी उतरने लगती है

तुम साहस से उपजी प्राणवायु को साधना जानती हो, गोगी
कितने सच तुम्हारी कूची की मार्फ़त बाहर आयेंगे,
यह अनुमान लगाना मुमकिन नहीं

जीने का यह बिन्दास अन्दाज
जिसे तुमने खुद ईज़ाद किया
बींध गया था
यशपाल और निर्मल वर्मा को भी
और मुझे समेत हज़ारों को

हवा और ज़मीन की जुगलबन्दी के ऐसे धूसर और सीले अक्स
कैनवास पर उकेरती तुम
जो तुम्हारी संवेदना के मर्म से पैदा होते हैं

सच-सच बताना
कितने रंग तुमने अपनी आत्मा के ज़रिये कैनवास में उतारने की ठानी है
हँसी-खुशी के भड़कीले रंग
या उदासी के मटमैले रंग
और प्रेम के स्निग्ध रंग
और वे रंग जो जीवन में अपनी परछाइयाँ छोडकर अन्तर्ध्यान हो गये

साधारणता में ही असाधरणता को उतारते हुए
तुमने रचे किन्नरी मन्त्र,
रची सुन्दर नायिकाएँ,
किया जिन्होंने स्वयं को परिभाषित

मेरे लिए तुम वो मुहावरा हो जिसके जीवन में व्याकरण में उतरने से
जीवन रंगीन हो उठता है
तुम मेरे जीवन का सबसे गाढ़ा रंग हो, गोगी
जो समय के साथ पकता ही जाएगा

उतरी है एक नाव उस पार, ज़रूर उसमें एक नया संसार रचने का सामान होगा

(सविता सिंह के लिए)

1\.

माँस-मज्जा को पार कर
आत्मा की झीनी त्वचा को छूता,
यह तीर
कहीं टकराता नहीं
छूता है बस
तुम मेरे जीवन में
उतरी हो
एक तीर की तरह
सच कहती हूँ
कपास-सा नर्म यह तीर
सफ़ेद नहीं,
इसका रंग
आसमानी है

2.

दुःख सिर्फ पत्थर नहीं
उसका भी एक सीना है
दुःख की भी एक राह है, जो
प्रेम के मुहाने से निकलती है
जाती चाहे कहीं भी हो
तुम दुःख को इतना
अपना बना देती हो
कि कभी-कभी दुःख पर भी मुझे दुलार हो आता है
जैसे तुम पर उमड़ता है स्नेह
तुम्हारा दुःख अब मेरा दुःख है, यह मान लो
तुमसे मिलकर दुःख पर विश्वास और गहरा हुआ है
दुःख एक मुक़द्दस चीज़ है अब
मेरे लिए.

3.

तुम्हारी संवेदना मुझे डराती है कई बार
मैं तुम्हे उससे दूर ले जाना चाहती हूँ
पर तुम्हारी संवेदना,
देह है तुम्हारी
यह मैंने जाना तुम्हारी कविताओं से
कि तुम दूर नहीं हो सकती कविता से
और अब मैं चाहती हूँ
तुम रहो गहरी संवेदना के भीतर
रहता है जैसे सफ़ेद बगुला
पानी में बराबर

4.

तुम्हारी नाव तो उस पार
उतरती है
पर तुम ठहरी रहती हो वहीँ
खिड़की से देखती
आकाश और समुन्दर के नीले विस्तार को
मोंट्रियाल भी वही थी तुम
आरा में भी
दिल्ली में भी
हो आती थी तुम दूर तलक
पर क़ायदे से तुम वहीं रहती थी
अपने कमरे में
काली चाय पीती
खिड़की से देखती
तुम्हारा देखना,
ठहरना है
कि दृश्य भी ठहराव की एक सुन्दर भंगिमा है
यह भंगिमा अज़ीज़ है तुम्हें

5.

तुम्हारा ठहराव मुझे पसन्द है
कि मेरा भी एकमात्र प्रेम यही है
और आख़िरी भी
किस प्रेम से तुम टूटकर बतियाती हो पृथ्वी के उस पार गये अपने प्रिय से
कि मैं भी उससे दूर
जो है इसी पृथ्वी पर
मगर अपनी दुनिया में मगन
करती हूँ उस दूर के रहवासी से

मुग्ध ऐसी ही प्रेमिल बातचीत
सुनो
हम दोनों के बीच
यह ठहराव ही तो है
बाँधता है जो हमें
और बींधता भी

6.

अक्सर ही कहीं ऊँचे से देखती हो तुम
दुःख की बल खाती हुई नदी का अचानक पत्थर हो जाना

मन के सभी तन्तुओं पर उँगली रख
उन्हें झंकृत करती तुम
जानती हो उनके तत्सम,विलोम, पर्यायवाची
पीले रंग की उदास स्याही में घंटों डूबकर रचती गीले शब्द
जो सुखाते हैं उनके भीतर
पढ़ते हैं जो तुम्हारी एकान्त में अपना रंग छोड़ती हुई कविताएँ
नीले में पीला रंग मिलाकर हरा रंग बनाना तुम्हें पसन्द नहीं
कि कला की इस तमीज़ का रास्ता भी दुनियादारी की तरफ़ मुड़ता है
दुनियादारी से तुम्हें परहेज़ नहीं
पर इसका इनका रसायन अक्सर तुम्हें परेशान करता आया है
तुम्हारी गम्भीरता ले जाती है तुम्हें सबसे दूर
एक परिचित परछाईं मुझे भी घेर लेती है अक्सर
तब मुझे सोचना ही होता है तुम्हारे बारे में
मुझे लिखनी ही होती है तुम पर एक कविता

7.

जरुरी नहीं कि चीज़ें व्यस्थित करने के लिए एक सीधी रेखा खींच दी जाए
और प्रेम के साथ-साथ जुदाई से भी दोस्ती कर ली जाए
पर प्रेम खुद ही जुदाई से रिश्ता बनाकर हमारे क़रीब आया
तुम तब भी चुप रही
स्त्रीवादी मनस्विता के सारे उपकरणों से लैस तुम
इस प्रेम को सर्वोपरि मान चढ़ गयी कई सीढ़ियाँ नंगे पाँव
यह जानते हुए कि लौटने का आशय लहू लुहान होना है
पर जुदा होने के सारे सबक तुम्हें मुँह-ज़बानी याद थे
उस समय भी जब प्रेम अलविदा कह गया था

8.

सपनों का रंग
या भाषा का सन्नाटा
या अपने ही मन का कुछ इकट्ठा करती
चींटियों का अनुशासन तुमने ख़ूब देखा
देखो, अब भी वे पंक्तिबद्ध हो कहीं जा रही हैं
होगा ज़रूर उनका मन का वहाँ
अपने मन का तुमने भी ख़ूब पाया
खूब इक्कठी की उदासी और समेटा अकेलापन
और उसे बुनकर ओढ़ा दिया अपनी बिटिया को
वह भी अब देखती है दुनिया उसी खिड़की से
जिसमे बैठ देखी थी तुमने एक नाव जाती हुए दूसरे छोर की ओर

9.

सच, जीवन की बिछी हुई चादर उतनी ही चौड़ी है
जितना उस पर ओढे जाने वाला लिहाफ़

अक्सर नापने बैठ जाती हो तुम
स्त्री के मन का आयतन
जो प्रेम में मरे जा रहे हैं, उनसे तुम्हें कुछ कहना है
बताती हो तुम
'अँधेरे प्रेम के यातनागृह हैं'
सुबकती हुई निकलती है इन अँधेरों से हर रोज़ एक स्त्री
फिर भी नहीं देती जो प्रेम को टोकरा भर गालियाँ
बस, खुद को पत्थर बनाकर रोज़ सहती है लहरों की चोट
यह ख़्याल ही तुम्हारे मन पर एक झुर्री बना देता है

10.

तुम्हारी कविताओं के प्रेम में डूबी मैं,
बस इतना भर जानती हूँ
कि उदासी जब घुटनों तक आ जाये तो ज़रूर उसे ओक भर पीकर देखना चाहिए
फिर जब उदासी का पानी धीरे-धीरे जा छँटे
और हम हो जायें जीवन में तल्लीन
तब भी उदासी का नीला जल
मेरे कंठ में ताउम्र ठहरा रहे
और तुम बार-बार मुझसे कह सको
"क्यों उतार ली तुमने भी अपने जीवन में यह नाव?"
क्या मेरी डगमगाती, मगर पार उतरने की ज़िद करती नाव ही इस समुन्दर के लिए काफ़ी नहीं थी?

11.

वे स्त्रियाँ जिन्होंने अपने एकान्त के रास्ते में आये झाड़-झँखाड़ खुद साफ़ किये थे

उनकी उँगलियों के पोरो पर तुमने देखी श्रम की नीलिमा
वे स्त्रियाँ भी
जिनके सपनों में भी ख़र्च होती रही थी ऊर्जा
जिन्होंने अपने सपनों से उस राजकुमार को दिया था खदेड़
जिसने उन्हें करवाया था लम्बा इन्तज़ार
अब देखो, तुमने भी बना ली है अपने सपनों में ख़ासी जगह
कितनी आसानी से आ-जा सकती हो तुम इनके प्रांगण में
बिना किसी से टकराए
सोच सकती हो यहाँ विचरते हुए
नयी स्त्री के नये संविधान के बारे
लिख सकती हो उनकी प्रशस्ति में कोई कविता
सही ही,
तुमने अपने भूत की राख को अपने मस्तक पर नहीं लगाया
देखती रही दुःख को और गाढ़ा होते हुए
और इस प्रक्रिया को देखते हुए तुम्हारे चेहरे की चमक देखते ही
बनती थी

12.

तुम्हारा एकान्त ही
एकमात्र पूंजी है तुम्हारी
वहीं रख छोड़ा है तुमने अपना इकट्ठा किया हुआ सामान
जैसे चिड़िया घोंसले के लिए एक-एक तिनका ढूँढ़ लाती है
तुमने उसी लगन से बनायी एकान्त की चारदीवारी
स्त्री अपना समेटा हुआ किसी को नहीं दिखाती
वक़्त आने पर ही दिखती है उसकी रौशनी
ऐसा ही किया तुमने भी
एकान्त की वर्णमाला में करीने से सीखने में उलझी, 'मैं'
देखती हूँ तुम्हें एकान्त का नित-नूतन गीत रचते हुए

13.

तुम्हारे प्रभामंडल के ऊर्जा क्षेत्र में
आड़ोलित तरंगें, चक्र, प्रतिबिम्ब इतनी शान्त
समुन्दर अपने मौन-व्रत में हो जैसे
तुम्हारे प्रभामंडल की
विशिष्ट और जुदा लहर
दैदीप्यमान कूकुन की तरह बाकी परतों से जुड़ी हुई हैं
तुम्हारे इस विद्युत चुम्बकीय प्रभामंडल में से गुज़रता है कोई
तब उसके भीतर भी
प्रिज़्म की तरह कई रंग निकलते होंगे
और हर रंग अपने ढब का साथी ढूँढ़ लेता होगा
तब रंगों की दुनिया और
जीवन के रोज़गार में कुछ हलचल तो ज़रूर होती होगी

14.

अनेक रंग, ध्वनियाँ, रौशनी की आवृत्तियाँ
काँपती हैं
तुम्हारे आस-पास सूखे पत्तों की मानिन्द
शारीरिक, भावनात्मक, मानसिक, आध्यात्मिक स्थितियाँ
कितनी ही दिशाओं में परिक्रमा कर
थक, जल्दी ही लौट भी आती हैं
पर उसमें जीवन का वज़न होता है
और यह वज़न जानता है
अब नयी स्त्री
हर तरह का भार उठा ही लेगी
कि अब तो उसे अपनी भरी हुई गागर स्वयं ही उठानी होगी
छलकने की परवाह किये बग़ैर

15.

एक सपना तुमसे मिलकर
नया आकार पा जाता है
स्त्री एक और नया रंग बना लेती है
कि अब उसे अपने बनाये रंग की जरूरत है
तब तुम धीरे-से सबसे पवित्र रंग
सफ़ेद की ओर देखकर कहती हो
'शुक्रिया'
स्त्री के मनचाहे रंग में अपना रंग शामिल करने के लिए
'बहुत शुक्रिया'

□□